AF258278

# PROPRIÉTÉ DE LA CHAMBIÈRE

## NOUVELLE SITUATION

### QUI LUI EST CRÉÉE

#### PAR LE TRACÉ DU CHEMIN DE FER DE BOURG A CHALON

La Chambière est une belle propriété contenant environ 43 hectares dont 41 d'un seul tènement.

Elle est située principalement sur la commune de Viriat et pour faible fraction sur celle de Saint-Denis-le-Ceyzériat.

Elle est longée au nord par la voie ferrée de Mâcon à Bourg, à trois kilomètres de cette dernière ville, entre les stations de Bourg et de Polliat.

M. Emilien Cabuchet l'acheta en 1868.

En 1861 et 1862, le chemin de fer de Lyon à Genève (embranchement de Bourg à Mâcon) a déjà traversé la propriété de la Chambière en laissant au Nord une contenance de 3 hectares 25 ares qui a été vendue en 1871 par M. Cabuchet.

C'est encore dans cette même parcelle que le chemin de fer de Bourg à Chalon devait passer plus tard d'après un premier projet qui n'a pas eu de suite ; mais cela ne devait plus inquiéter M. Cabuchet, puisque cette parcelle était vendue et complètement détachée de sa propriété dont elle est séparée par le chemin de fer. Il pouvait donc tout naturellement faire avec assurance toutes les améliorations qu'il avait conçues. C'est ainsi qu'il créa des prairies parfaitement irriguées, il défricha des bois et fit dans ses fonds beaucoup de terrassements, de chaintres, de fossés, une pièce d'eau, etc., le tout sous l'habile direction du très-regretté M. Merle, géomètre.

Au nord de la Chambière actuelle, la voie de Bourg à Mâcon est encaissée, en déblai, bien en contrebas du sol du domaine.

La nouvelle voie de Bourg à Chalon devant croiser celle de Bourg à Mâcon, en passant au-dessus, on a dû viser à l'économie en cherchant la ligne de plus grande pente pour éviter de trop forts remblais; cette ligne, on l'a trouvée à la Chambière, chez M. Cabuchet.

Le nouveau tracé actuellement en cours d'exécution traverse *entièrement* la propriété de la Chambière en décrivant un arc de cercle du Sud au Nord. Il la partage en deux parties bien distinctes et inégales. Il coupe par angles aigus chemins, dessertes, fossés, rigoles d'irrigation, chaintres d'assainissement ; en un mot, il ne respecte rien.

Le remblai de cette voie est très-élevé, ce qui forme une barrière infranchissable et sépare complètement entre elles les deux nouvelles portions de là propriété ainsi coupée, sans aucune espèce de communication entre ces deux parties.

La nouvelle voie, dont l'emprise est de 1 hectare 24 ares 50 centiares, laisse au matin une étendue d'environ 28 hectares en grande partie en pré et renfermant les bâtiments d'habitation avec dépendances, et au soir elle laisse 12 hectares environ en terres.

Cette dernière partie en terres au soir se trouve ainsi entièrement isolée de toute habitation et très-éloignée des bâtiments d'exploitation à cause du long parcours qu'on est obligé de faire pour s'y rendre. Elle se trouve en effet confinée, close et enclavée au nord par le chemin de fer de Bourg à Mâcon, au matin par la nouvelle voie de Bourg à Chalon, au sud et à l'ouest par bois à divers propriétaires (dont MM. Brangier et Bon).

Par le fait du passage du nouveau chemin de fer, la propriété de la Chambière a perdu une grande partie de sa valeur.

Le 21 juillet dernier, M. le Préfet de l'Ain, au nom du Département, offre à M. Cabuchet la somme totale de 3,329 fr. 50 pour emprises d'une contenance totale de 1 hectare 24 ares 50 centiares sur les communes de Viriat et de Saint-Denis.

En réponse à cette offre, *ne représentant pas même la valeur du terrain*, par exploit de l'huissier Perret, de Bourg, en daté du 4 août, M. Cabuchet réclame la somme totale de 47,415 fr. 75 représentant, savoir :

« 1° La valeur intrinsèque de 1 hectare 24 ares 50 centiares
« d'empiétement fait par le chemin de fer de Bourg à Chalon
« sur sa propriété tant sur la commune de Viriat que sur
« celle de Saint-Denis ;

« 2° La dépréciation que cause le passage dudit chemin de
« fer sur les 12 hectares environ qu'il laisse au soir de la voie
« à créer ;

« 3° Le dommage causé au reste de la propriété ;

« 4° L'empêchement de construire les bâtiments projetés ;

« Le tout avec réserves de tous travaux à la charge de la
« Compagnie dudit chemin de fer pour passages à pied,
« aqueducs, passages à voiture et autres qui devront être
« créés d'après l'état des lieux et qui seront exigés par le
« requérant ;

« Sous réserves de faire valoir tous droits moyens et actions
« et de développer lesdites prétentions en temps utile et
« devant qui de droit. »

Nous allons examiner, apprécier et estimer successivement chacun des quatre chefs principaux qui ont fait l'objet de la demande.

## Valeur vénale intrinsèque du terrain formant l'emprise.

1° L'excellent pré formant parties des numéros 702, 703 et 704, section G, sur Viriat, vaut 55 francs l'are, ce qui pour 36 ares 30 centiares fait la somme de 1,996 fr. 50 centimes, ci..............

Le chemin particulier vaut 40 francs l'are, car s'il n'est pas en terrain cultivable il n'en était pas moins d'une utilité incontestable, cela fait pour 8 ares 90 centiares, 356 fr., ci..............

La partie expropriée de la terre n° 829 section G, sur Viriat, a une valeur

| | Contenances | Valeurs |
|---|---|---|
| | 36ᵃ 30ᶜ | 1. 996ᶠ 50 |
| | 8 90 | 356 » |

de 28 fr. l'are, ce qui, pour 76 ares 80 centiares fait une somme de 2,150 fr. 40 centimes, ci...........................  76 80  2.150 40

Enfin la terre Verchère, n° 206, section A, sur St-Denis vaut (vu sa qualité et sa situation), 45 fr. l'are, soit pour 2 ares 50 centiares, 112 fr. 50 c., ci...  2 50  112 50

Total de la valeur vénale intrinsèque pour 1 hectare 24 ares 50 centiares, 4,615 fr. 40 cent., ci..................  1ʰ 24ᵃ 50ᶜ  4.615ᶠ 40

## Dépréciation causée aux 12 hectares laissés au soir

Elle tient à plusieurs causes :

**2°** Par suite du passage du chemin de fer nouveau pour arriver dans cette partie du domaine de la Chambière depuis les bâtiments d'exploitation, le chemin est moins bon et plus long qu'auparavant(1). La différence est de 1,200 mètres environ, ce qui nécessitera par chaque voyage un excédant de parcours de 2,400 mètres pour les labours, hersages, fumures, récoltes, etc. Nous estimons que, par ce fait seul, la valeur du fermage est diminuée de 16 fr. par hectare (et cela sans exagération, d'après des calculs exacts, trop longs pour les donner dans ce rapport) en ne supposant qu'un nombre de labours ordinaire, une fumure normale pour nos pays et une récolte moyenne, cela fait pour les 12 hectares 192 fr. de revenu en moins, ce qui, à 3 fr. 50 %, représente une moins value foncière de 5,485 fr. 45 cent., ci................  5.485 45

**3°** Les labours seront plus difficiles à exécuter, les cultivateurs peuvent s'en rendre compte en

(1) Et du reste M. Cabuchet a des droits de passage très contestables sur la desserve au soir pour suivre le parcours B L.

voyant les angles aigus que formeront dorénavant
les parcelles coupées, ainsi que les côtés arrondis
sur la lisière du chemin de fer, c'est ce qu'ils
appellent des *écoins*. De plus, il y aura perte ma-
térielle de terrain en culture de chaque côté de la
voie ferrée pour former des chaintres où les ani-
maux de trait devront tourner lors des labours, ce
sont autant de non-valeurs en culture.

4° Le long de la voie qui est élevée et en remblai
les récoltes seront abritées, réussiront moins bien,
le remblai devant former ce que les cultivateurs
appellent un *rechaud*.

Pour ces deux causes réunies (3 et 4), nous estimons 5 fr. par hectare, 60 fr. pour les 12 hectares,
ce qui, toujours à 3 fr. 50 %, représente une moins
value foncière de 1,714 fr. 20, ci ..............  1.714 20

5° Pour favoriser le libre écoulement des eaux
que les remblais du chemin de fer vont retenir, il
deviendra nécessaire de faire de nouveaux terrassements, des transports de terres, puis de créer et
creuser de nouvelles chaintres, de nouveaux fossés,
et cela dans des directions tout à fait opposées à
celles que ces divers travaux ont actuellement
près de la voie nouvelle. Il n'y aura pas moins de
800 mètres cubes de terres à remuer et charrier,
ce qui, à raison de 80 centimes par mètre cube,
fait une somme de 640 francs, ci ..............   640  »

6° Enfin par le fait de son isolement de toute
espèce d'habitation dont elle est séparée par la
nouvelle voie ferrée, cette parcelle (au soir de la
voie) subirait bien une dépréciation de 350 fr. par
hectare (1), d'autant plus encore qu'elle cessera
d'avoir au matin les agréments de la vue complètement obstruée par les remblais élevés du che-

---

(1) Ce qui fait 23 fr. par mesure locale de 6 ares 59 centiares.

min de fer : cela fait pour les 12 hectares, 4,200 francs, ci . . . . . . . . . . . . . . . . . . . . . . . . . . . . . . . . . . . . . . . . . 4,200ʳ »

En résumé, et en partant d'un autre point de vue, pour confirmer nos chiffres, nous dirons que cette grande partie de terre délaissée, au soir de la nouvelle voie ferrée, valait en moyenne avant le chemin de fer 2,200 fr. par hectare, tandis qu'aujourd'hui elle ne vaut plus que 1,200 fr., par suite de la situation tout à fait exceptionnelle que lui crée le chemin de fer nouveau qui l'*enclave* et l'éloigne de tout chemin et de tout hameau, ce qui la rendrait invendable (d'autant plus encore qu'à présent il y a impossibilité de bâtir). Cela fait une différence en moins de 1,000 fr. par hectare, chiffre trouvé par les détails ci-dessus, à quelques fractions près.

## Dommages causés au reste de la propriété.

### (PARTIE A L'EST DE LA VOIE.)

La partie de la propriété de la Chambière, restant au matin de la nouvelle voie ferrée se trouve en presque totalité en nature de prés irrigués, et en bâtiments d'exploitations avec appartenances et dépendances.

Par le fait du passage du chemin de fer, le marnage de cette partie de la propriété devient impossible, économiquement parlant, et de plus les irrigations sont plus difficiles, les eaux étant moins abondantes et leur direction étant changée. De là deux causes principales de dépréciation sur cette parcelle.

7° La marne convient parfaitement au sol humide et léger de la Chambière. Elle est fort utile pour améliorer les prairies naturelles qui y ont été créées ; elle détruit les herbes adventices et nuisibles, favorise au contraire la croissance des bonnes herbes, des légumineuses surtout. C'est l'amendement qui est le plus économique et le plus sûr quand il est sagement employé et qu'on peut en trouver à peu de distance.

Il y a deux ans, M. Cabuchet acheta tout près de sa propriété et au soir, un pré qu'il savait renfermer une riche carrière de marne. Il créa de suite, à ses frais, tant sur ses fonds que sur ceux de M. Brangier la Touvière, un chemin destiné tout particulièrement au transport de cette marne sur les fonds de la Chambière. Il commença à en faire répandre sur un peu plus d'un hectare de terres, et ne tarda pas à en constater les bons effets. Le rendement du blé et surtout des récoltes dérobées fut de beaucoup augmenté. Les frais du marnage étaient relativement peu élevés ; la marne employée à la dose de 100 mètres cubes par hectare (1) exigeait 222 charrois ou tombereaux qui se faisaient en 18 journées d'attelage, ce qui, avec les frais de l'extraction, portait le prix de revient du mètre cube de marne à 1 fr. 25, soit 125 fr. par hectare de terrain marné (2).

Aujourd'hui, par suite du passage du chemin

---

(1) Puvis, célèbre agronome de notre département, dans son excellent traité des *amendements*, indique comme quantité de marne à employer dans notre pays de 80 à 120 mètres cubes, suivant sa richesse et la profondeur des labours.

(2) Le mètre cube de marne pèse de 14 à 1600 kilog. Deux bœufs avec un tombereau en transportent les 45 centièmes d'un mètre cube par voyage. Le transport se faisant en hiver, pendant les gelées, la journée d'attelage peut être comptée 6 fr. On pouvait faire facilement 12 voyages par jour. Le transport du mètre cube revenait alors à 1 fr. 11. Un homme, dans sa journée payée 2 fr. 50, extrait 40 tombereaux ou 18 mètres cubes ; l'extraction coûte donc 0 fr. 14 le mètre cube. Le prix de revient du mètre cube de marne, pour extraction et transport, est donc bien dans ce cas de 1 fr. 25.

de fer, le marnage n'est plus possible économiquement à cause des charrois qui deviennent beaucoup trop coûteux, le parcours étant allongé de 2,200 à 2,500 mètres, A F B L C D E du plan au lieu de G L C D E, les passages G L et G Q étant coupés par la voie.

On ne peut plus faire que 4 voyages par jour.

La dépense du charroi est ainsi triplée, et avec l'extraction (dont le prix reste le même), le marnage reviendrait à 347 fr. par hectare au lieu de 125 fr.

Différence en plus, 222 fr. par hecctare.

Le marnage pratiqué aura une durée de 10 ans au moins (1). La dépense totale répartie sur cette durée porte le prix de revient du marnage, par hectare et par an, à 12 fr. 50, avant le chemin de fer, à 34 fr. 70, par suite de sa création.

Année moyenne, le marnage fera produire au moins 4 hectolitres de blé de plus par hectare (2), et la paille correspondante. Les autres récoltes augmentent dans les mêmes proportions.

Le blé vaut 80 fr., desquels déduisant les 12 fr. 50 de frais de marnage, il reste 67 fr. 50

---

(1) Si, comme certains auteurs, nous admettions que la durée du marnage peut être de 25 ans, nous diminuerions d'autant plus le prix de revient de cette opération et le préjudice causé serait plus fort.

(2) L'augmentation de produit par suite du marnage a été bien plus forte pour la première année, puisqu'elle a été presque du double du rendement ordinaire dans les terres de la même propriété et non marnées. Si nous prenons 4 hectolitres comme base de nos calculs, c'est afin de ne pas être taxés d'exagération et aussi pour nous mettre d'accord avec Puvis, qui dit que la marne « augmente de 2 semences en moyenne le produit des céréales « d'hiver, mais elle double presque le produit des menus grains, « de l'orge, du maïs, du trèfle. »

comme bénéfice *net* annuel par hectare résultant uniquement de ce précieux amendement, et que nous supposons partagé entre le propriétaire et le fermier.

Le bénéfice net annuel résultant d'une amélioration foncière devant être capitalisée au taux de 5 % (et non plus 3,50 % comme précédemment), nous voyons que les bienfaits du marnage, dans les conditions où il était possible, donnait à la propriété une plus-value de 675 fr. par hectare (1), ce qui ferait, pour 15 hectares seulement devant être marnés, une somme totale de 10,125 fr., dont le chemin de fer prive la propriété, en empêchant le marnage au matin de la voie nouvelle, ci............................................................... 10.125 »

Nous disons *bénéfice net*, car si les rendements augmentent sur l'unité de surface, les frais de labours, fumures, ensemencement, etc., n'en sont nullement augmentés ; il n'y a que les dépenses de récolte et de battage qui sont un peu plus élevées; or, ces dépenses sont largement payées par l'excédant de paille que nous avons négligé et qui peut pourtant arriver à six quintaux métriques par hectare (2).

3° Tout près et au matin du nouveau chemin de

---

(1) Ce chiffre de 675 fr. par hectare peut paraître élevé, et pourtant il n'a rien d'exagéré, attendu qu'on voit souvent des sols doubler et même tripler de valeur par l'effet de la marne.

(2) En raisonnant à un autre point de vue, on devrait capitaliser à 3 50 % les 22 fr. 20 par hectare formant par année l'excédant des frais du marnage qu'occasionne la traversée du chemin de fer. Cela ferait par hectare 634 fr. de moins-value foncière, soit, pour les 28 hectares au matin de la nouvelle voie, 17,752 fr. Nous n'avons donc pas exagéré en portant seulement à 10,125 fr. la privation du marnage.

fer il existe une pièce d'eau créée à grands frais
par M. Cabuchet tant au point de vue de l'agrément
que comme utilité. Cette pièce d'eau domine la
partie supérieure de la grande prairie dite de la
Chambière. Elle est alimentée par de petites
sources et aussi par les eaux superficielles prove-
nant de terrains supérieurs appartenant à M.
Cabuchet et à M. Bon, au soir de la nouvelle voie.

Cette pièce d'eau sert de réservoir pour emma-
gasiner les eaux et irriguer en temps de séche-
resse une partie de la prairie au moyen de petits
thous sagement distribués et combinés.

Les tranchées en déblai creusées dans le terrain
à M. Bon en vue du chemin de fer coupent toutes
les eaux qui se rendaient dans le réservoir, les
interceptent et en privent par conséquent M. Cabuchet. Ces eaux se perdent, prennent une toute
autre direction, et vont se rendre bien plus au
Midi à un niveau bien inférieur à celui de la pièce
d'eau, soit au moins 2 m. 50 cent. au dessous (1).

Il en résulte un préjudice causé à M. Cabuchet
qui ne pourra plus irriguer la partie de prairie
avoisinant sa pièce d'eau. Le rendement de cette
partie sera diminuée de 500 kilog. par hectare en
foin et second foin à 8 fr. les 100 kilog.; cela fait
40 fr. de revenu net en moins ce qui, capitalisé au
taux de 3 fr. 50 %, donne une moins value de
1,143 fr. par hectare, soit pour 2 hectares 2,286 fr.
ci.................................................. 2.286 »

---

(1) Cette coupure des eaux a déjà produit depuis le commencement des travaux, c'est-à-dire depuis un mois, une diminution sen-
sible dans la hauteur des eaux du réservoir. Leur niveau est
inférieur actuellement à celui qu'il avait les années précédentes à
pareille époque.

**9°** Le chemin de fer intercepte plusieurs fossés, rigoles et prises d'eau pour irrigations, ce qui est une autre cause de dépréciation pour la prairie nouvelle dite Etang de la Chambière. En effet, les irrigations améliorent les prairies et en augmen- tent la valeur et le rendement. Si la Compagnie ne rétablit pas *entièrement* la libre circulation des eaux comme elle existait avant le chemin de fer, nous estimons que cela portera à la partie de prairie irrigable un préjudice très-sérieux que nous ne portons que pour mémoire, parce que nous regar- dons comme certain que tous les aqueducs néces- saires seront établis aux endroits voulus, ci... mémoire.

## Empêchement de construire les bâtiments projetés.

**10°** Par suite du passage du chemin de fer, M. Cabuchet ne peut plus mettre à exécution son projet de bâtir.

Ce projet a été en réalité conçu, nourri, étudié et même il a déjà eu un commencement d'exécu- tion; on ne saurait en douter, les preuves sont là.

Il y a trois ans, M. Cabuchet commanda un devis de constructions rurales avec plan. A ce projet il ajouta un pavillon bourgeois et un atelier de statuaire. Le plan existe toujours. Les pierres de taille furent commandées, puis amenées sur place dans le courant de l'hiver 1872-1873.

Ce premier projet fut ensuite modifié en ce sens que l'on renonça aux bâtiments d'exploitation pour ne faire simplement qu'une maison bour- geoise au nord et en vue de la pièce d'eau. La forme de celle-ci indique suffisamment qu'elle n'a pas été créée uniquement dans un but d'utilité mais aussi comme agrément.

Dans un bail consenti à Favier, fermier du domaine de la Chambière (acte reçu, Mᵉ Debeney notaire), il est dit que le tènement de terres louées est confiné au matin par une terre *réservée* au bailleur (H), par pré et pièce d'eau aussi *réservés* (J et I). Si en affermant, le propriétaire n'a pas cédé la jouissance de la terre au matin et du réservoir, c'est évidemment parce qu'il avait le projet de construire à cet endroit là, autrement, à quoi lui eût servi de faire ces réserves surtout en ce qui concerne la terre ?

« M. le bailleur se réserve en outre de faire
« dans les fonds affermés toutes les plantations
« qu'il jugera convenables. »

Il est dit au même bail : « Dans le cas où M. le
« bailleur viendrait à construire sur un des fonds
« affermés, ou s'il en disposait d'une autre ma-
« nière, il ne sera dû aux preneurs aucune indem-
« nité, mais il sera simplement fait sur le prix de
« la ferme une déduction proportionnelle à la
« surface enlevée à la culture. »

Les correspondances de M. Cabuchet en 1872-73 prouvent bien aussi son projet de bâtir à la Chambière. Ses lettres du 11 décembre 1872 et du 17 février 1873 parlent des plans et devis des bâtiments projetés, des matériaux à y employer, d'un atelier, de deux chambres et d'une cave à ajouter aux bâtiments d'exploitation.

Dans sa lettre du 14 mars 1873 il dit vouloir
« faire un jardin de tout ce qui, de la pièce d'eau,
« va au chemin de fer. » (Celui de Bourg à Mâcon.)

Le 31 mars 1873, M. Cabuchet parle de nouveau du jardin à créer et de la terre à réserver dans ce

but « la terre isolée et *celle dont je veux faire*
« *un jardin* et qui s'étend de la pièce d'eau au
« chemin de fer ne feront pas partie du domaine.
« (H K) »

A notre avis et sans aucun doute à cet égard,
l'agrément de la situation disparaît par suite de
la traversée du chemin de fer, et à présent un
bâtiment d'agrément sur cette propriété n'a plus
aucune raison d'être.

Toutefois, nous sommes fort embarrassé pour
fixer par un chiffre la dépréciation causée à la
Chambière par ce fait, les éléments nous manquant
entièrement. C'est une question toute de sentiment
qui ne peut être bien appréciée à sa juste valeur
que par le propriétaire lui-même auquel nous en
laissons toute la responsabilité.

M. Cabuchet estime la dépréciation de sa propriété pour empêchement de construire et agrément
détruit, à la somme ronde de 20,000 fr.

Afin de faire accorder notre total avec celui
porté dans la demande, nous réduisons cette somme à celle de 18,000 fr., ci...................... 18.000 »

$$\text{Total.................. } 47.065\ 05$$

## RÉSUMÉ

La traversée du chemin de fer cause donc à la propriété
de la Chambière une dépréciation considérable. Nous venons
d'en analyser les divers éléments que nous résumons ci-après :

1° Valeur vénale réelle du terrain acquis
comme devant former l'emprise de la nouvelle
voie (1 hectare 24 ares 50 centiares). Cette valeur
eût dû être augmentée d'un quart parce qu'il
s'agit d'expropriation, ce qui aurait porté le chiffre

à 5,770 fr. au lieu de celui que nous avons adopté, qui est de. . . . . . . . . . . . . . . . . . . . . . . . . 4.615ᶠ40

**2°** Moins-value foncière par suite du grand allongement de parcours pour desservir les 12 h. de terres enclavées et délaissées au soir de la nouvelle voie. . . . . . . . . . . . . . . . . . . . . . . . . . . . . . 5.485 45

**3°** et **4°** Angles morts ou perdus pour la culture, non-valeurs de terrains formant *écoins* et *réchauds* par suite de la coupure des parcelles à angles aigus et de la grande élévation des remblais de la voie. . . . . . . . . . . . . . . . . . . . . . . . . . 1.714 20

**5°** Terrassements, transports de terres nécessités par le passage du chemin de fer qui renverse toute l'économie des assainissements, des chaintres et des dessertes intérieures qui devront en grande partie être détruites, puis créées avec de nouvelles directions. . . . . . . . . . . . . . . . . . . . . . . . . . . . . . 640 »

**6°** Dépréciation de valeur vénale et de convenance pour isolement des 12 h. de terres laissées au soir, autrement dit impossibilité de vendre ce tènement. . . . . . . . . . . . . . . . . . . . . . . . . . . . . . . . 4.200 »

**7°** Marnage rendu impossible sur les 28 hectares de prés et terres restant au matin de la voie par suite de l'allongement du parcours (3,800 mètres au lieu de 1,500). . . . . . . . . . . . . . . . . . . . . . . . . 10.125 »

**8°** Privation des eaux d'irrigation habituelle, au-dessous de la pièce d'eau, à cause de la coupure du déblai chez M. Bon, . . . . . . . . . . . . . . . . . . . . . . . 2.286 »

**9°** Article porté pour mémoire, la Compagnie ayant donné l'assurance que *tous* aqueducs *nécessaires* seront faits à ses *frais*.

**10°** Perte d'agrément et impossibilité de bâtir (appréciation du propriétaire). . . . . . . . . . . . . . . . . 18.000 »

Total égal à celui ci-dessus . . . . . . . . . . . 47.065ᶠ05

Nota. — Nous avons omis avec intention plusieurs autres questions de détail qui auraient cependant une certaine importance, c'est afin de ne pas trop compliquer et allonger ce travail.

Nous ne craignons pas que l'on puisse raisonnablement contester aucun des éléments que nous avons étudiés et estimés. Tous sont réels, sérieux et surtout les bases des appréciations ainsi que les chiffres ne sont aucunement exagérés ; beaucoup même sont trop modérés afin de ne pas augmenter le chiffre total de la demande. Les gens compétents pourront s'en convaincre en étudiant la question et en suivant nos raisonnements.

Comme conclusion, nous dirons avec assurance et conviction que le passage du chemin de fer de Bourg à Chalon à travers la propriété de la Chambière la déprécie de *trente mille francs*, valeur *vénale réelle*, et de plus il lui fait perdre tout l'agrément à estimer et à ajouter, autrement dit : comme propriété de produit et de placement elle vaut 30,000 fr. de moins qu'avant le chemin de fer et comme propriété d'agrément elle devient nulle (1).

## **PROPOSITION**

Afin de relier entre elles les deux portions de la propriété, coupée par le chemin de fer, M. Cabuchet a demandé un pont au point P du plan, *sous la voie*.

---

(1) Avant le chemin de fer le domaine de la Chambière formait un seul tenant. Les bâtiments sont suffisants et en bon état. Tous les prés sont situés au matin et contigus aux bâtiments. Presque toutes les terres sont situées au soir et assez loin des bâtiments. Le chemin de fer vient séparer complètement les prés d'avec les terres et isoler entièrement ces dernières. Il ne reste ainsi que des prés au domaine au matin de la voie. Or, un domaine n'a plus aucune raison d'être avec beaucoup de prés et pas de terres.

Ce pont atténuerait singulièrement les inconvénients que nous avons signalés par le fait du passage de la voie ferrée.

Le pont aurait 3 mètres de hauteur sur 3 mètres de largeur. Il servirait aussi d'aqueduc. Toutefois ses dimensions ne permettraient que le passage des tombereaux. Quant au transport des récoltes d'un grand volume il se ferait quand même avec un long parcours, et cela obligerait aussi M. Cabuchet à faire des travaux de terrassement, à créer et à creuser des chemins aboutissant à ce pont.

Si le pont est accordé à M. Cabuchet, il y aura lieu de réduire la moitié des chiffres portés aux articles 2e et 6e (difficulté de desserte et dépréciation de valeur vénale) de supprimer l'article 7 (impossibilité de marnage).

Les articles 1, 3, 4, 5, 8, 9, 10 restant exactement les mêmes, la demande de M. Cabuchet se réduirait de 14,967 fr. 70 c., soit 15,000 fr. en chiffres ronds et resterait fixée à 32,000 fr.

Donc, sans le pont, M. Cabuchet réclame une indemnité de 47,000 fr.;

S'il a un pont, sa demande se réduit à 32,000 fr.

A. TRUCHELUT

Géomètre-expert,
Ancien élève de La Saulsaie.

Bourg, le 1er octobre 1875.

BOURG, IMPRIMERIE COMTE-MILLIET.

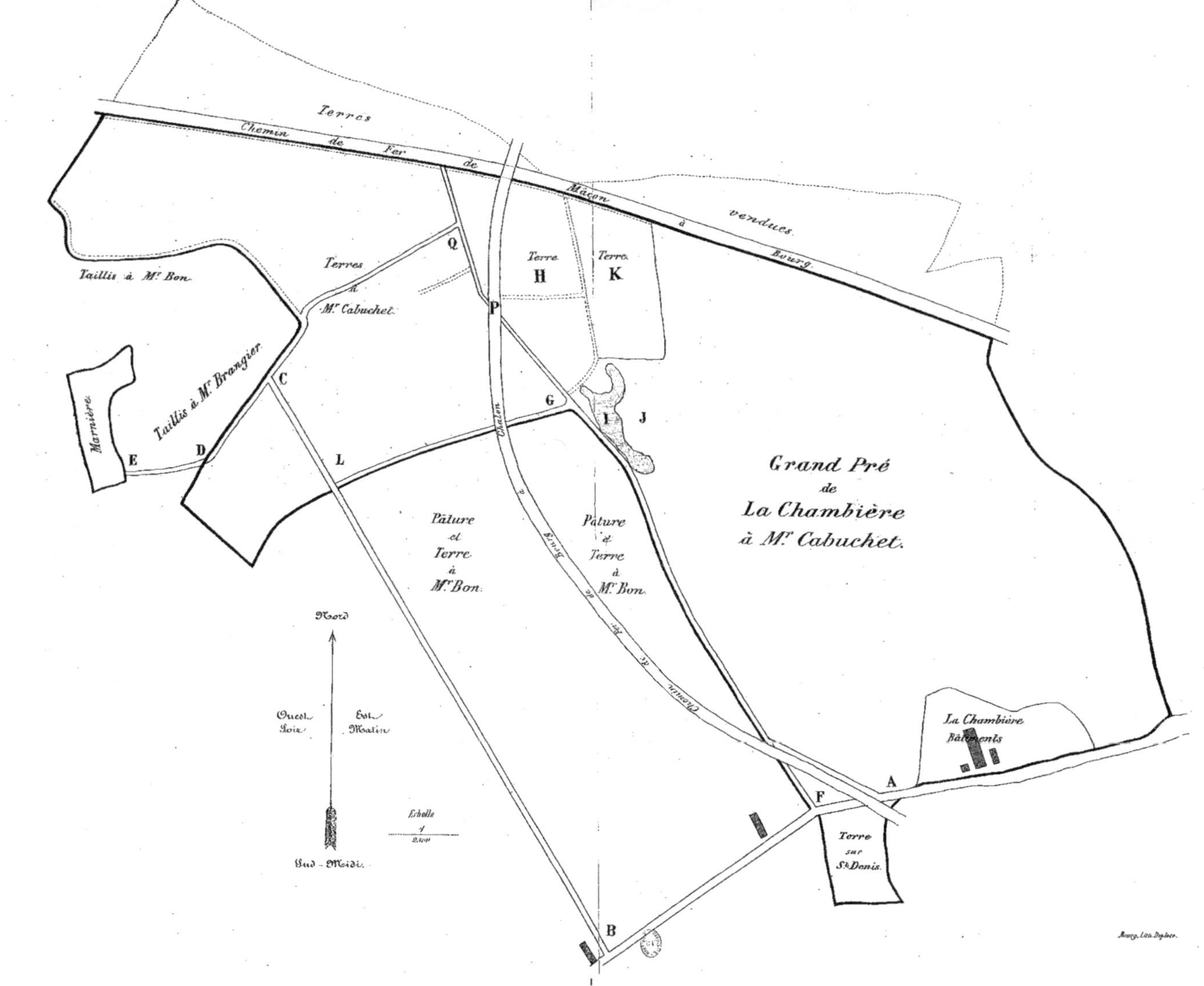

Terres
Chemin de Fer de Mâcon à vendues Bourg
Taillis à Mr Bon.
Terres à Mr Cabuchet.
Q
Terre H
Terre K
Taillis à Mr Brangier.
P
Marnière
C
Chalon
G
I J
E D
L
Grand Pré de La Chambière à Mr Cabuchet.
Pâture et Terre à Mr Bon.
Pâture et Terre à Mr Bon.
Bourg
Nord
Ouest Soir
Est Matin
La Chambière Bâtiments
Echelle 1 / 2,500
Sud — Midi.
A
F
Terre sur St Denis.
B
Bourg, Lith. Duchez.